Théodore de Wyzewa

La Peinture japonaise

Critique

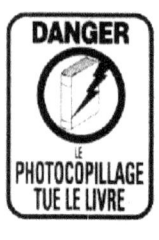
ISBN : 978-1721610204

10 9 8 7 6 5 4 3 2 1

Théodore de Wyzewa

La Peinture japonaise

Critique

Table de Matières

Introduction

On se rappelle le rapide succès qu'a naguère trouvé en France la littérature russe. Un écrivain éminent nous l'a révélée, nous a fait connaître et aimer l'originalité de quelques-uns de ses chefs-d'œuvre. Du jour au lendemain, Gogol, Tolstoï, Dostoïewsky étaient célèbres chez nous, et leur influence semblait appelée à modifier la direction de notre littérature nationale. Mais bientôt le zèle immodéré des traducteurs détruisit en partie le salutaire effet de cette révélation. Ils nous donnèrent tant de romans, et tant à la fois, et des romans de mérites si divers, qu'il nous devint impossible de nous y reconnaître. Ils voulurent aller trop vite : notre attention se lassa. C'est exactement des causes du même ordre qui risquent longtemps encore, en France et dans toute l'Europe, d'entraver la juste appréciation de l'art japonais. On s'est trop pressé de nous faire connaître cet art si différent du nôtre, si nouveau pour nous, et dont l'étude aurait exigé tant de lenteur et de choix. Comme le roman russe, l'art japonais a passé trop tard et trop rapidement devant nos yeux. Nous avons été d'abord éblouis de son charme ; mais voici maintenant qu'à un engouement irréfléchi semble vouloir se substituer un peu de lassitude, sans que nous ayons eu le loisir de démêler la part du génie et celle de l'habileté, celle de l'art et celle du métier, dans l'immense fatras d'œuvres de tous les genres et de tous les temps qu'on a, depuis vingt ans, déballées autour de nous.

Il y a vingt ans, l'art japonais nous était pour ainsi dire inconnu. Le Japon avait bien accueilli, dès le XVIe siècle, des missionnaires portugais, et, un siècle plus tard, des négociants hollandais. Mais les missionnaires portugais ne paraissent pas s'être fait une idée de l'originalité artistique des barbares qu'ils étaient venus convertir, et les négociants hollandais n'ont jamais connu que d'une façon très imparfaite l'art japonais proprement dit. Gersaint et d'autres écrivains du XVIIIe siècle rapportent que les Bataves n'étaient guère admis à voir les véritables laques du Japon et ne recevaient en cadeau, des princes et de leurs riches clients, que des objets de seconde qualité. Au lieu de leur montrer leurs produits originaux, qu'ils désiraient tenir à l'abri des curiosités étrangères, les Japonais fabriquaient pour eux des porcelaines et des laques d'un genre particulier, les accommodant de leur mieux aux exigences du goût européen. Jusqu'à la seconde moitié du XIXe siècle, la majorité de notre public continuait à ne pas soupçonner qu'il y eût au Japon un art national, tout à fait indépendant de l'art chinois, un art ayant, comme celui de l'Italie ou des Pays-Bas, son histoire, ses monuments, ses grandes écoles et ses grands maîtres.

Brusquement, en 1868, les portes du Japon nous furent ouvertes par une révolution qui semblait toute politique, mais qui fut, de même que la révolution française de 1789, le point de départ d'un complet bouleversement des mœurs et de la société. La ruine d'un grand nombre de familles princières jeta entre les mains de marchands illettrés des œuvres qui, durant des siècles, avaient été religieusement cachées. En même temps, les Japonais étaient pris d'une fièvre de nouveauté : ils essayaient de nous imiter en toutes choses, nous empruntaient nos costumes et nos modes, n'avaient d'admiration que pour ce qui venait de chez nous. Avec une facilité dont ils commencent enfin à se repentir, ils sacrifiaient les vieux trésors de leur race. L'occasion était belle : nos marchands ne pouvaient manquer d'en tirer profit. En vingt ans, ils drainèrent le Japon, s'emparant de tout ce qu'ils trouvaient, envoyant cela pêle-mêle à Paris, à Hambourg, à Londres ou à New-York. C'est dans leurs boutiques que nous fut révélé l'art japonais : nous en eûmes l'idée qu'aurait eue un Japonais ignorant tout de notre civilisation et qui aurait vu, entassés dans un bazar de Tokyo, un million d'objets européens exportés au hasard. Nous fûmes surpris de la variété et de la richesse d'invention des Japonais, de leur dextérité manuelle ; les défauts mêmes de leur perspective et de leur modelé nous enchantèrent, comme une protestation contre des règles trop longtemps subies. Mais, avec toute sa richesse et sa variété, l'invention artistique des Japonais nous parut d'un ordre assez bas ; leur dextérité manuelle, après nous avoir émerveillés, nous fatigua par la monotonie de sa perfection ; et nous avions un trop vif besoin des règles qu'ils méconnaissaient pour nous amuser indéfiniment à les voir méconnues. L'art japonais nous laissa l'impression d'un art de bibelot, d'un art anonyme et impersonnel, où il n'y avait différences ni d'époque, ni de talent. Nous en arrivâmes à éprouver pour lui une amitié un peu dédaigneuse. Il fut convenu que le peuple japonais excellait dans la décoration ; mais que le Japon ait eu un développement artistique complet et suivi et qu'il ait, à de certains siècles de l'histoire, produit des œuvres où ne manque à peu près aucun des éléments du grand art, c'est ce qu'auraient admis difficilement ceux-là mêmes qui prenaient le plus de plaisir à meubler leurs appartements de boîtes de laque, de bronzes, d'étoffes brodées et de netzkés.

Ce n'est pas qu'il ne se soit trouvé d'habiles écrivains pour éclairer et pour rectifier l'opinion du public. Le premier, M. Louis Gonse, dans son *Art japonais*, marquait la suite des genres et des écoles et parvenait, par une sorte d'intuition, à discerner le degré de mérite, l'âge, et la provenance d'œuvres qui d'abord nous avaient été présentées dans le plus étrange chaos. Peu de temps après lui, un médecin anglais, M. Anderson, reprenait le même sujet, s'appuyant sur des documents recueillis pendant un long séjour au Japon [1]. Des parties spéciales de l'art japonais, la céramique, la fabrication des laques, la ciselure des métaux, donnaient lieu à de savants ouvrages, dont quelques-uns, notamment les livres de M. Morse sur l'ancienne poterie, sont des monuments d'érudition. Aux livres se joignaient des revues ; nous en avons une à Paris, depuis deux ans [2] ; et, tout récemment, un Américain établi au Japon, M. Fenollosa, a fondé une publication périodique japonaise, le *Hokkwa*, où les amateurs européens pourront tout au moins trouver d'excellentes reproductions des chefs-d'œuvre restés là-bas. Enfin, M. Brinckmann, directeur du musée d'art industriel de Hambourg, vient de faire paraître les deux premiers volumes d'un important ouvrage, *Kunst und Handwerk in Japan*, où il a résumé tous les renseignements publiés jusqu'ici sur l'histoire et la technique de l'art japonais. Il ne semble pas, malheureusement, que ces travaux historiques et critiques aient réussi à modifier beaucoup l'opinion établie, et peut-être la faute en est-elle un peu à leurs auteurs, qui, dans un noble zèle d'érudition, n'ont pas assez cherché à les mettre au point de la masse des lecteurs. Les monographies, les revues ne peuvent évidemment convenir qu'à des initiés. Le livre de M. Brinckmann est un simple manuel, un résumé consciencieux, mais froid, des ouvrages antérieurs. Très riche en faits précis et d'une science très sûre, le livre de M. Anderson ne peut guère servir, lui non plus, qu'à des lecteurs déjà éclairés sur la valeur réelle de l'art japonais. Les manières des diverses écoles y sont appréciées avec la sécheresse d'un traité de physiologie ; et nous assistons à la succession des styles sans jamais bien sentir en quoi chacun d'eux est plus ou moins digne de nous intéresser. Seul de tous les historiens européens, M. Gonse a essayé de marquer nettement l'originalité de l'art japonais, les caractères qui le distinguent du nôtre et ceux qui l'y rattachent ; son livre est le seul aussi où l'on trouve un effort sérieux pour classer et pour mettre à leur degré d'importance artistique les différentes écoles. Encore ce livre lui-même se ressent-il de la difficulté qu'a eue l'auteur à débrouiller le chaos des matériaux de tout genre. Il y avait trop de choses à dire, trop de faits à établir, trop de noms à citer. M. Gonse a craint d'être incomplet, et ainsi son histoire est parfois confuse, surchargée d'énumérations [3].

Mais le tort le plus grave de tous ces ouvrages est de n'avoir pas montré suffisamment les liens intimes qui rattachaient l'art du Japon à la race qui l'avait produit. Si les Japonais ont fait l'art qu'ils ont lait, cela tient en partie aux circonstances où ils ont vécu, à la nature qu'ils ont vue autour d'eux : M. Gonse a eu raison de commencer son livre par l'histoire du Japon et sa description physique. Mais les qualités essentielles de l'art japonais dépendent davantage encore de la conception que ses auteurs se sont faite du monde, de leur manière spéciale de sentir et de penser. Ce qu'il nous importerait surtout de savoir et ce que les historiens ont négligé de nous apprendre, ce sont les traits dominants de l'âme japonaise. Quelles raisons psychologiques font différer l'art japonais de l'art chinois, de l'art occidental ? Quel a été le genre de vie des artistes japonais ? Quelle est, dans l'âme japonaise, la part des qualités communes et la part possible de l'individualité ? Autant de questions qu'il faut à tout le moins avoir effleurées, si l'on veut comprendre la nature et le mérite réels de l'art du Japon. Ni M. Gonse ni M. Anderson ne leur ont attaché l'importance que nous aurions désirée. Seul M. Brinckmann a consacré deux ou trois pages à l'étude du caractère japonais, se bornant d'ailleurs à y résumer les opinions de quelques voyageurs.

Sur ce point, ni sur aucun autre, nous ne saurions avoir la prétention de compléter les savants travaux des historiens de l'art japonais. Mais il nous sera permis de confronter les renseignements historiques qu'ils nous fournissent touchant l'art japonais lui-même avec ceux que nous avons pu recueillir au dehors touchant le caractère et les mœurs du Japon. Nous laisserons de côté, d'ailleurs, toutes les formes de l'art autres que la peinture : au Japon, bien plus que dans nos pays, la peinture a toujours été l'art essentiel, central, celui dont tous les autres ont fidèlement suivi les évolutions. Les grands laqueurs, les grands céramistes, les grands sculpteurs japonais ont été les élèves d'écoles de peinture, et c'est dans des ateliers de peintres que s'est développé ce qu'il y a dans leur manière d'artistique et d'original [4].

Section I

Il y a dans la population japonaise deux types distincts, l'un de formes courtes et trapues, avec un visage rond et des yeux à fleur de tête, l'autre de (ormes plus allongées, avec un visage ovale et des yeux enfoncés ; et comme le premier de ces types se rencontre plus souvent chez les paysans, le second chez les nobles, on peut en conclure que la race japonaise actuelle est le mélange de deux races, dont l'une, probablement venue du dehors, a dominé l'autre et imposé au pays son autorité.

C'est à cela que se bornent les suppositions vraisemblables sur l'origine ethnographique des Japonais. La race soumise avait-elle, des milliers d'années auparavant, dépossédé elle-même de son pouvoir la race primitive et indigène des Aïnos, aujourd'hui presque éteinte ; ou bien, cette race inférieure n'est-elle qu'une dérivation des Aïnos, avec lesquels elle offre, à divers points de vue, de frappantes analogies ? A son tour, la race conquérante, celle dont le type se retrouve chez les nobles japonais et a servi de modèle aux artistes, était-elle de provenance israélite, ou égyptienne, ou tatare-raongole, ou encore était-ce, comme le croit M. Gonse, une population indienne ou javanaise, et serait-ce la race conquise qui était de provenance mongole ? La vérité est que personne n'en sait rien ; mais il est du moins certain que les Japonais ont commencé, depuis une vingtaine de siècles, à être la race qu'ils sont aujourd'hui, et que, si haut qu'on remonte dans leur histoire, ils ont toujours plus différé des Chinois qu'ils ne leur ont ressemblé.

Ce qu'il importe bien autrement de connaître, c'est le caractère des Japonais, la nature de l'intelligence et des sentiments qui ont été les leurs depuis que leur race s'est trouvée constituée. Les renseignements ne manquent pas à ce sujet dans les travaux des voyageurs ; mais il faut bien avouer que ce sont des renseignements un peu contradictoires, et qu'ils ne donnent pas une idée d'ensemble bien nette de l'âme japonaise.

Au dire de saint François-Xavier, les Japonais dépassent en pureté de mœurs et en vertus naturelles toutes les autres nations ; ils sont doux et tendres, loyaux, très soucieux de leur honneur, modérés dans leurs désirs. Le saint ajoute même que jamais il n'a rencontré chez les chrétiens une aussi profonde aversion pour la traîtrise et le vol.

Cent cinquante ans plus tard, le médecin allemand Kaempfer découvre chez les Japonais un ensemble si heureux de qualités natives, qu'il les approuve de s'interdire toutes relations avec les étrangers, ces relations ne pouvant avoir d'autre effet que d'altérer la naïve perfection de leurs mœurs. Le trait qui semble l'avoir frappé le plus vivement, parmi cent traits qu'il relève avec admiration, est l'indifférence des Japonais devant la mort, leur facilité à sacrifier leur vie pour les motifs les plus désintéressés, souvent même les plus futiles : trait d'autant plus singulier, en effet, qu'il s'accompagne d'une humeur très douce et très joviale.

Plus réservé déjà est le jugement d'un autre médecin de la factorerie hollandaise, le Danois Thunnberg, qui vécut au Japon près d'un siècle après Kaempfer. Celui-là reproche aux Japonais leur méfiance à l'égard des étrangers, leur manque de franchise, leur caractère vindicatif. Il reconnaît cependant que la somme de leurs bonnes qualités est supérieure à celle des mauvaises, et qu'il y a au fond de leur âme une ingénuité charmante.

Mais c'est surtout dans les témoignages des voyageurs contemporains que se manifeste le désaccord des opinions sur le caractère japonais. Tandis que M. H. Maron oppose à la lâcheté et à la bassesse des Chinois la délicate droiture des Japonais et que M. le baron de Hubner s'étonne des vertus morales qu'il rencontre chez eux, un observateur pénétrant, M. Bousquet, se montre très sévère à leur égard. Dans leur vie privée comme dans leur histoire politique, il retrouve l'indice d'un tempérament inégal et sans consistance, d'une nature molle, capricieuse, toute au plaisir de la sensation présente. Il leur reproche d'être dissimulés, superficiels, incapables d'un travail suivi, plus adroits qu'intelligents et plus intelligents que moraux [5].

C'est ainsi que, suivant ceux qui nous en parlent, les Japonais nous apparaissent comme la plus vertueuse ou comme la pire des nations. Peut-être, cependant, leur caractère est-il simplement comme les autres un mélange assez complexe de qualités bonnes et mauvaises, et sous les jugements moraux qui diffèrent, peut-être n'y a-t-il pas une contradiction absolue dans les traits signalés.

Lorsque l'on avance dans l'étude des mœurs japonaises, lorsqu'aux témoignages des voyageurs on ajoute les renseignements que fournissent la fréquentation des Japonais et la lecture de leur littérature nationale, on s'aperçoit sans cesse davantage que l'âme de ce peuple a toujours été une âme d'enfant. Ce n'est pas sans raison que l'enfance est entourée au Japon d'un culte spécial [6]. Ce qu'ils conservent d'enfantin dans leur figure, les Japonais le gardent aussi dans leur façon de vivre, leurs pensées et leurs sentiments. Jamais ils n'arrivent à une idée bien nette de leur personnalité, ni de ce qui, dans leurs idées, correspond ou non à la réalité. Ils s'amusent de tout, trouvant dans la moindre chose qui les entoure une source de distractions sans cesse renouvelée. Le voyageur allemand Rein, qui les a bien connus, signale leur naïve crédulité, leur goût de la nouveauté, leur penchant pour toutes sortes de petits jeux puérils, l'extrême facilité avec laquelle ils se divertissent : n'est-ce pas autant de traits qu'ils ont en commun avec les enfants ? N'est-ce pas encore à la manière des enfants qu'ils peuvent être loyaux et pleins de malice, insouciants de leur vie, capricieux, avides de la sensation présente, indolents avec de soudains accès de passion ? N'est-ce pas à la manière des enfants qu'ils peuvent être à la fois superstitieux et irréligieux, remplissant scrupuleusement les pratiques extérieures de deux religions, le shintoïsme et le bouddhisme, sans même se demander laquelle est la bonne ?

Et c'est encore à l'éternelle enfance de l'âme japonaise qu'il faut attribuer son amour instinctif pour la nature et pour tout ce qui vit : « Chez les peuples occidentaux, dit le baron de Hubner, le sentiment désintéressé de la nature ne se développe que par l'éducation ; chez les Japonais, c'est le plus inné de tous les sentiments. » N'ayant pas une claire conscience de leur personnalité, ils ne savent pas se distinguer du monde environnant : ils s'y perdent délicieusement, charmés par les moindres détails qui frappent leurs yeux. La vue du monde les plonge et les maintient dans une sorte d'ivresse permanente. Tous les ans, la floraison des arbres fruitiers est célébrée par une fête nationale : les vieillards, les enfants, les jeunes gens, les femmes, tous s'en vont dans la campagne admirer le glorieux miracle de la nature. Avec quelle surprise ravie le bon paysan des albums d'Hokousaï s'arrête, se pâme de plaisir en présence d'un lever de soleil, d'une envolée d'oiseaux, ou d'une prairie en fleurs !

Un sentiment analogue d'oubli de soi-même devant la nature se retrouve dans l'âme non moins enfantine du paysan russe, telle que nous l'ont révélée les voyageurs et les romanciers. Il y a en vérité entre le caractère slave et le caractère japonais une ressemblance singulière : non-seulement tous deux sont faits de contrastes, mais encore ce sont les mêmes défauts et les mêmes qualités qui se mélangent en tous deux, pour les rendre à la fois attirants et mystérieux, naïfs et peu sûrs. Peut-être M. Gonse a-t-il raison de voir quelque chose de plus qu'une coïncidence toute fortuite d'aspect physique entre les moujiks russes et ces Aïnos, qui se vantent d'avoir été les premiers habitants du Japon.

Mais, soit que le caractère japonais primitif ait été altéré sous l'influence d'une race nouvelle arrivant du midi, ou simplement que les circonstances et le milieu aient développé dans des directions opposées les mêmes qualités natives, il est certain que l'amour de la nature se manifeste de deux façons très différentes chez le paysan russe et chez l'homme du peuple japonais. L'un et l'autre sont pour ainsi dire hallucinés par le monde qui les entoure, entretenus dans un état permanent d'exaltation intérieure qui les empêche d'arriver à la nette conscience de leur personnalité. Mais le paysan russe n'a autour de lui que la vaste plaine couverte de neige, et au-dessus de lui qu'un ciel gris et sombre. Ses yeux ne s'exercent pas à percevoir les détails plastiques, dans cette nature dont il sent si profondément l'immensité ; et c'est au dedans de lui qu'elle agit, pour faire couler dans son cœur un flot monotone de rêveries et de vagues chansons. Pour le Japonais, au contraire, la nature est un décor merveilleux qui sans cesse varie, apportant sans cesse de nouvelles délices. Autour de lui toutes les couleurs sont brillantes et fraîches, toutes les formes se meuvent. Peu à peu, son âme d'enfant se concentre tout entière dans ses yeux. Les moindres détails du spectacle des choses l'intéressent, le retiennent, captivent à jamais sa curiosité. Sa vue acquiert une finesse inouïe, elle conserve gravée l'image des formes et des couleurs, telles qu'elles se montrent à sa naïve contemplation, dans un tourbillonnement continu. Sa pupille s'imprègne de visions. Il peut fermer les paupières : ce qu'il a vu, il le retrouve présent devant lui.

En même temps, les qualités supérieures de son intelligence s'affaiblissent, ou bien, faute d'usage, s'atrophient. Son esprit devient incapable de rien saisir qui ne soit une image précise et colorée. Le moindre effort de généralisation abstraite lui est interdit. Non pas qu'il soit simplement une sorte de miroir où se reflètent tous les aspects d'une nature légère et mouvante ; car il a sa façon bien à lui de voir et de sentir, et il se met tout entier dans sa vision, avec les traits particuliers de son tempérament individuel. Parfois il est touché surtout du mouvement des choses, d'autres fois de leurs formes et de leurs couleurs, d'autres fois encore il les contemple avec une émotion si profonde qu'elles se réfléchissent en lui tout enveloppées d'une mystérieuse poésie. Mais toujours c'est dans ses yeux que s'est réfugiée son âme, ne lui laissant de pensée que pour ce qui est capable d'un aspect visible et matériel.

Rien d'instructif, à ce point de vue, comme la littérature japonaise [7]. Dans les poèmes, dans les légendes, dans les romans, dans les drames, les idées abstraites font entièrement défaut. Les sentiments, en revanche, atteignent quelquefois à une noblesse singulière, mais les sentiments les plus nobles se traduisent par d'immédiates images, pleines de fraîcheur, de justesse, d'élégance. En voici quelques exemples ; nous les avons choisis à dessein parmi les rares poèmes classiques du Japon qui ne sont pas purement descriptifs :

— « Mon corps abandonné, ne pouvant suivre celui qui est devenu esprit, séparé de toi dès le point du jour, je soupire de tristesse, ô mon prince ! Éloignée de toi, je suis violemment agitée.

« Si tu étais pierre précieuse, je te porterais en bracelet ; si lu étais vêtement, je ne trouverais pas le temps de me déshabiller. O mon prince ! c'est toi que mon amour a vu en songe la nuit dernière.

— « Dans ce monde, il n'y a point de voie,.. je songe à me retirer dans la profondeur de la montagne, et là encore le cerf pleure. — « Quand vient la nuit, le vent d'automne, dans les campagnes, fait sentir sa fraîcheur : la grue sauvage répand ses cris. »

M. de Rosny, qui a traduit ces poèmes, nous informe qu'un des procédés préférés des poètes japonais consiste « à présenter dans un premier vers une succession de mots qui font image aux yeux et préparent l'esprit à l'idée fondamentale exprimée dans le second vers. » Exemple :

— « Longue comme les pennes abaissées du faisan des chaînes de montagnes, — cette longue nuit, dormirai-je solitaire ? »

Mais plus instructive encore que la littérature proprement dite, l'œuvre des philosophes et des théologiens japonais nous éclaire sur la faiblesse de raisonnement et la vivacité d'imagination de ce peuple d'enfants. On ne peut concevoir une absence si complète de suite logique dans les déductions, une préoccupation si exclusive du fait concret et de l'image précise. Les plus désordonnés de nos poètes romantiques ont mis au service des vérités morales plus d'arguments et moins d'images que l'auteur du *Kiu-o-Dowa*, recueil classique de sermons, le chef-d'œuvre du genre [8]. A chaque phrase, une nouvelle comparaison surgit, bientôt suivie d'une autre, qui amène à son tour une longue anecdote ; sans cesse l'auteur oublie son raisonnement, se met à développer l'image qui s'offre à lui, insistant sur les moindres détails de couleur, de forme, de provenance, et il n'est pas rare qu'il arrive à en tirer une conclusion tout autre que celle qu'il avait d'abord paru vouloir y chercher.

Section II

A une race ainsi douée, il ne faut point demander de grands philosophes, ni même de grands écrivains. Mais aucune race, en revanche, n'est mieux faite pour produire des peintres, et il est sûr que les qualités purement visuelles du peintre, la netteté du coup d'œil, la force de l'impression, l'amour passionné de la forme et de la couleur se rencontrent chez le plus humble artisan japonais à un degré aussi haut que chez les maîtres les plus habiles de la peinture européenne.

Mais la peinture est un art, et requiert de ceux qui la pratiquent autre chose encore que ces qualités visuelles. Aucun peintre n'est grand s'il n'a pas au fond de lui-même une théorie esthétique, s'il n'apporte pas devant les choses qu'il veut peindre une conception particulière de l'art et de la vie. Pour représenter ce que l'on voit, encore faut-il savoir qu'on doit le faire, et comment, et un peu pourquoi.

Les peintres japonais n'ont pu se passer, eux non plus, de théories esthétiques. La vérité est même qu'ils ont subi plus vivement que leurs confrères européens l'influence des théories : on n'imagine pas un art où les règles aient eu plus de poids, où la division des écoles ait été plus radicale. Mais, faute d'une intelligence capable d'abstraire et de raisonner, les peintres japonais ont obéi à des théories arbitraires qu'ils adoptaient sans chercher à les comprendre. De très bonne heure se sont formées chez eux des traditions, la plupart venues de Chine : le jeune peintre les prenait de son maître, les suivait scrupuleusement. ; il ne développait son talent personnel que dans la limite qu'elles lui imposaient.

C'est ainsi que ces observateurs passionnés de la nature, ces artistes qui ont plus regardé et mieux vu que tous autres le monde extérieur, ne sont jamais parvenus à perfectionner leur connaissance du modelé et de la perspective linéaire. Plusieurs y ont tâché au XVIIIe siècle ; mais rien n'est plus gauche que leurs imitations de notre perspective, et s'ils arrivent à des effets de relief, c'est par des miracles d'invention fortuite. Tout ce qui, dans la peinture, exige un effort d'abstraction ou de raisonnement, c'est tout cela qui manque aux peintres japonais. Ils ont les yeux trop enivrés de leurs visions ; l'esprit trop paresseux ; trop de respect pour les règles qu'on leur a enseignées.

Un défaut plus grave de leur esthétique est le vague où elle se tient touchant le conflit essentiel de la vérité et de la beauté. Presque tous les peintres japonais ont eu la conviction que le beau était distinct du vrai, et qu'il fallait modifier la nature pour la faire entrer dans l'art. Mais en quoi la modifier ? Ils n'osaient le deviner par eux-mêmes et se réfugiaient dans l'observation docile et irréfléchie des vieilles traditions. Longtemps, par exemple, il a été convenu dans l'école dominante que les campagnes du Japon manquaient de noblesse et que la beauté naturelle existait seulement dans les campagnes de la Chine : en conséquence, les peintres japonais ne peignaient que des paysages chinois, des sites d'un romantisme tout artificiel, sans autre secours que les leçons de leurs prédécesseurs et l'essaim de visions et de fantaisies qui tourbillonnait dans leurs yeux. L'un d'eux poussait même le culte de la beauté chinoise jusqu'à représenter des personnages chinois dans une vue de Kyoto qu'on lui avait commandée. Les diverses écoles avaient ainsi des traditions spéciales, toutes issues d'une impuissance foncière à saisir exactement le degré où la vérité se sépare de la beauté. Ne sait-on pas que les peintres japonais n'ont jamais voulu peindre autrement qu'à l'aquarelle et que la plupart s'interdisaient de travailler d'après nature ?

Pour comprendre la peinture japonaise, il faut donc se figurer le peintre comme un enfant à qui l'on a défendu une foule de choses et qui s'en abstient parce qu'on les lui a défendues. Mais il faut songer aussi que c'est un enfant merveilleusement doué, passionné pour son art, tout occupé de l'adorable comédie qui se joue autour de lui. Il ne sort pas des barrières qu'on lui a imposées : mais à l'intérieur de ces barrières il déploie tout son génie avec une verve, une ferveur, une variété extraordinaires. Il ne peint pas d'après nature ? Qu'importe, puisqu'il a l'esprit plein de formes et de couleurs, puisqu'à tout moment il revoit les objets avec autant de précision et de vie que s'il les avait sous les yeux ! On lui ordonne de faire des paysages chinois ? Qu'importe, puisque la Chine est pour lui le symbole du rêve idéal, puisqu'il a dans la tête assez d'images et assez de talent dans la main pour combiner d'une façon nouvelle, indéfiniment, les rochers à pic, les torrents, les arbres dévastés, les pagodes ! Ce qu'il aime dans les choses, c'est leur forme, et leur couleur, et leur mouvement : quant à leur réalité, c'est à peine si son âme d'enfant en a la notion. Lui a-t-on enseigné, comme dans l'école classique des Kano, à dédaigner la couleur au profit de la ligne ? Il arrive à produire des effets de couleur avec du noir et du blanc : tant sa vision est intense et tant il aime à tricher, à faire des tours de force, à se divertir les yeux et la main. Plus les limites où on l'enferme sont étroites, plus il a de menues trouvailles, s'ingéniant à tracer mille sillons nouveaux dans le petit champ qu'on lui a laissé.

Aussi, malgré l'insuffisance logique des théories, l'excès des règles, et les entraves qui en résultaient pour la liberté de leur vision, les Japonais ont-ils créé une peinture pleine de vie et de vérité, peut-être plus imprégnée que toute autre du sentiment de la nature. Au premier abord, ils se ressemblent tous, ayant tous un ensemble de traditions communes : mais, en réalité, chacun diffère de l'autre par une foule de traits de détail, suivant l'école où il appartient et sa façon particulière de voir le monde extérieur.

Et quelques-uns d'entre eux, les maîtres, ceux qui sont le mieux parvenus à développer leur génie personnel dans les bornes des traditions, ceux-là méritent de prendre place dans l'histoire de l'art à côté de nos maîtres à nous. Il leur a manqué les qualités supérieures de l'esprit, tout cet élément intellectuel, qui donne tant de prix aux œuvres de Léonard, de Michel-Ange, de Poussin : mais combien trouvera-t-on de peintres européens, ceux-là exceptés, à qui cet élément intellectuel ait été bien profitable ? Il leur a manqué aussi le génie créateur qui invente les styles : mais ils ont eu le mérite d'imprégner d'une vie nouvelle les styles qu'on leur avait enseignés. Toutes les qualités de vision et d'exécution qui font les grands peintres classiques, ces maîtres japonais les ont possédées à un degré égal. Ils nous ont laissé du monde une image personnelle, vivante, variée. Ils ont eu pour les guider des principes qui nous sont étrangers ; mais leurs yeux n'étaient pas si différents des nôtres qu'il nous soit impossible de recréer les visions qu'ils nous ont si honnêtement traduites. Ils ont compris comme nous la pureté des lignes, l'harmonie des couleurs, les secrets du mouvement. Le dernier élève de nos collèges s'entend mieux qu'ils ne faisaient à tout ce qui est scientifique dans la peinture, l'anatomie, le clair-obscur, la perspective ; mais c'est à peine si les plus grands de nos peintres les égalent pour saisir la fugitive impression d'un moment, pour varier à l'infini les détails d'une composition, pour mettre au service de leurs yeux une main sûre et leste. Ajoutons que, autant que les plus grands d'entre nous, ces maîtres japonais, les Meïcho, les Motonobou, les Itchô et les Hokousaï, ont animé leurs figures d'expressions vivantes et concilié dans leurs paysages la vérité avec le sentiment. L'amour de la nature était si fort dans leurs âmes qu'il y faisait naître une adorable musique ; leurs peintures sont ce que devaient être, suivant un de leurs philosophes, tous les tableaux japonais : « des poèmes de forme et de couleur. » Certes, ces maîtres sont des exceptions et il ne faut pas moins que tout leur génie pour donner du prix à un art si empêtré dans les traditions. Mais leur génie est l'épanouissement suprême du génie de la race ; c'est par eux que s'est le plus complètement exprimée l'âme du Japon.

Peut-être même l'absence de l'élément intellectuel supérieur, tout en rabaissant la portée de leur peinture, a-t-elle contribué à la revêtir d'un caractère particulier de douce et naïve sérénité. Comprendre le monde, c'est risquer de le trouver moins bon et moins beau : ce malheur a toujours été épargné aux peintres japonais. Leur âme est restée jusqu'au bout tranquille, comme une âme d'enfant, et leurs œuvres ont été le reflet de l'innocente simplicité de leur vie.

Vie charmante, la mieux faite de toutes pour rendre facile le travail : nous en avons l'image dans une foule de gravures ou de dessins où les vieux maîtres se sont représentés vaquant aux détails de leurs occupations journalières.

Que l'on se figure, par exemple, l'heureuse carrière d'un peintre japonais du XVIIIe siècle. Enfant, il est l'orgueil de sa maison, traité par ses parents comme un petit dieu. A trois ans, il devient homme, revêt l'*obi*, se promène gravement par les rues de la ville, avec sa petite tête rasée où on a laissé seulement quelques touffes de cheveux. Il a pour s'amuser les jouets les plus gracieux, des poupées qu'il costume à son gré, de petits moulins dont l'eau fait tourner la roue. Après un séjour à l'école, où il a appris à lire, à écrire, à réciter les noms des grands capitaines, il entre à quinze ans dans l'atelier d'un peintre. Son maître l'instruit à bien s'asseoir par terre devant le papier ou la soie, à tenir le long pinceau très loin du bout, entre le pouce et le médium, en laissant libres le coude et l'épaule, à tracer d'abord à l'encre de Chine les contours de la figure, puis à disposer les couleurs, employant pour chacune un pinceau spécial. Bientôt le jeune homme connaît les dix styles du dessin, correspondant aux dix styles de l'écriture : car c'est de l'écriture qu'est sorti le dessin, et le peintre ne peut pas manquer d'être un bon calligraphe. Il sait les procédés spéciaux qui conviennent aux divers genres de peinture ; car on ne peint pas de la même façon, ni dans le même esprit, le *kakémono*, qui se déroule de haut en bas et décore dans les maisons japonaises le recoin d'honneur, le *makimono*, qui se déroule en largeur comme un rouleau d'étoffe, le paravent, l'écran, l'éventail, le feuillet d'album [9].

Mais en même temps qu'il l'exerce aux mille artifices du métier, son maître l'habitue à aimer son art, et à lui trouver une matière dans l'étude de la nature. Après lui avoir fait copier de ses propres dessins, puis des œuvres fameuses du passé, il le force à peindre de souvenir un bambou, un oiseau, une figure, puis à représenter avec l'expression qui sied un héros légendaire ou un paysage fantastique.

Le jeune peintre a vingt ans : il achète une petite maison, met un soin infini à l'orner, à la tenir en ordre. Des voisins lui commandent des kakémonos ; et il travaille assidûment, appliquant de son mieux les leçons qu'il a apprises. Mais sitôt qu'il a fini son ouvrage, le voilà qui s'en va le bâton à la main et le sac au dos, sans autre idée que de jouir de la beauté du ciel, de nourrir ses yeux de couleurs brillantes. Il rôde dans la campagne, s'arrêtant pour causer avec les paysans qu'il rencontre, offrant, on échange d'un repas ou d'un gîte, l'esquisse de ce qu'il vient de voir. Rentré en ville, il stationne devant les tréteaux des lutteurs, écoute les boniments des saltimbanques, rit et s'amuse comme un enfant. Il s'installe, le soir, dans une maison de thé du Yoshivara, en compagnie d'aimables filles qui dansent et chantent à la lueur des lampes, la gorge peinte en blanc, les lèvres dorées, les cheveux parsemés de grosses épingles d'écaillé. Il est tout à la sensation présente, libre de soucis et d'inquiétudes. Les choses qu'il voit se gravent sans effort dans ses yeux. Il revient chez lui, déboucle son sac, étend sur le sol une feuille de papier : son esprit est plein d'images, et sa main docile à tout reproduire.

Peu à peu, les commandes se multiplient. Le jeune peintre devient un homme connu : il se marie, reçoit quelques élèves. Sa vie reste ce qu'elle était, tranquille et douce, avec mille petits incidents pour en divertir la monotonie. Parfois, c'est un poète qui vient lui rendre visite, et qui consent à écrire lui-même au haut d'un kakémono quelques vers qu'il improvise. D'autres fois, ce sont des voisins riches qui l'invitent à prendre le thé : notre homme arrive tout paré, apportant avec lui un *sourimono*, une petite image qu'il a soigneusement dessinée et gravée pour la circonstance.

Il y a dix ans que le peintre est sorti de l'atelier de son maître.

Il n'a pas cessé d'appliquer ses précieuses leçons et de reproduire la nature comme il a été instruit à la voir. Mais cette nature, il l'aime, il ne se lasse pas de la regarder, braquant à toute heure sur le monde ses yeux pénétrants et naïfs. Et voilà que, sous l'effet de cette incessante curiosité, sa manière se modifie, devient toute à lui. Il ne songe qu'à imiter les maîtres et à satisfaire sa clientèle ; et voilà que, sans désobéir aux règles et aux traditions de l'école, il anime d'une vie propre les objets qu'il peint. Il donne aux formes féminines un élancement plus gracieux, une expression plus lascive, ou bien il découvre des alliances de couleurs qui avaient échappé à ses prédécesseurs.

Sa gloire se répand : de toute la contrée lui viennent de nouveaux élèves : quelques-uns veulent être peintres, comme lui, d'autres sont des laqueurs, ou des graveurs de sabres, ou des céramistes. La peinture n'est-elle pas l'art fondamental, d'où dérivent tous les autres ? Et la fortune s'installe dans l'atelier du peintre : une fortune toujours modique, égale à celle que peut espérer tout autre bon artisan ; mais n'est-ce pas l'idéal du peintre japonais, d'être supérieur en considération, égal en fortune, aux autres hommes de sa caste ?

Aussi la gloire ni la fortune ne peuvent-elles altérer sa manière de vivre. Il continue à demeurer dans sa petite maison, à faire des esquisses et des dessins pour les graveurs, à errer par les villes et par les campagnes. Il reste toujours un enfant. Il s'amuse de tout, il évite de rien approfondir ; il se plaît aux farces innocentes, aux trompe-l'œil cocasses, aux tours de force et de malice. Lui qui, lorsqu'il travaille sérieusement, est tout au respect de son art, il aime à étonner par sa seule habileté les étrangers qui viennent l'admirer. Après les avoir salués, il s'assied devant son papier, reste deux minutes à songer, puis pique légèrement, comme au hasard, quatre ou cinq petits points ; d'un pinceau trempé dans l'encre de Chine, il barbouille ensuite le centre du papier, et d'un autre pinceau plus fin, il marque deux ou trois traits ; il pique de nouveau quelques points, relève le tout de deux touches de couleur : en dix minutes il a dessiné et peint sur le papier un coq et une poule, picorant sous un arbre. Et il se retourne vers ses visiteurs, la face éclairée d'un bon rire.

Ainsi s'écoule cette calme existence, tous les jours égayée de quelque distraction nouvelle. Plus tranquille et plus remplie que celle des peintres européens, elle est aussi plus longue : presque tous les peintres japonais sont morts très vieux, bien au-delà de soixante ans. Peut-être doivent-ils ce bonheur à la sobriété de leur régime, uniquement composé de poissons et de légumes : mais peut-être aussi ont-ils été recommandés au dieu de la longévité, Djion Rodjin, par celui de ses frères qu'ils ont toujours peint le plus volontiers, ce digne vieillard chauve et pansu, le dieu au sac Hoteï, patron des enfants !

Section III

En 1882, un amateur japonais avait apporté à Paris, et exposé à la rue de Sèze, un kakémono du plus ancien des peintres de son pays, Kosé ne Kanaoka. Cette vénérable peinture datait de la seconde moitié du IXe siècle. Elle représentait Dzijo, le dieu de la bienfaisance, assis, ayant à ses pieds une fleur de lotus. Le digne homme qui l'avait amenée de Yédo espérait la faire admettre au Louvre : et bien qu'elle eût risqué de se trouver peu à l'aise dans notre musée, nous regrettons aujourd'hui de ne l'y pas voir. C'était une œuvre d'un art manifestement primitif, avec une raideur d'attitudes et une gaucherie de dessin qui rappelaient beaucoup les vieilles détrempes byzantines ; mais s'il avait l'inexpérience technique des maîtres primitifs, Kanaoka avait aussi leur vif sentiment de l'expression religieuse. La vigoureuse harmonie des tons, la noblesse des formes, la pureté sereine des traits du visage, tout concourait à la grandeur de l'ensemble dans cette immobile figure aux yeux à demi fermés. Un art déjà si remarquable ne pouvait s'être créé de toutes pièces. Dès le IIe siècle de notre ère, au dire des légendes, mais en tout cas dès avant le Ve, des artistes coréens s'étaient établis au Japon et y avaient introduit la connaissance de l'ancien art chinois. Sous leur direction, de nombreuses écoles s'étaient formées : l'architecture, la ciselure des métaux, la sculpture sur bois, la broderie avaient pris un développement rapide et n'avaient pas tardé à surpasser en variété et en élégance les modèles chinois dont elles s'inspiraient. C'est de Chine aussi, et par l'intermédiaire des Coréens, qu'était venue la peinture ; mais elle aussi paraît s'être vite acclimatée ; et les vieux historiens célèbrent les tableaux de l'apôtre du bouddhisme, Kobo-Daïshi, comme des œuvres déjà tout à fait affranchies de l'imitation des Chinois. Au IXe siècle, les temples et les palais du Japon contenaient une foule de peintures renommées, indigènes et chinoises : et l'on rapporte que le jeune Kanaoka passa de longues années à les étudier. Il s'attacha de préférence aux ouvrages du fameux Wu-tao-tze, peintre chinois du siècle précédent, le plus libre et le plus puissant des peintres de son pays. Il apprit de lui à composer pour un effet d'ensemble toutes les parties d'un tableau, à animer les figures sacrées d'expressions appropriées à leur caractère, à concilier les exigences de la vérité artistique avec celles de la foi religieuse : la comparaison de son *Dzijo* avec un grand *Nirvana* de Wu-tao-tze, conservé aujourd'hui dans un temple de Kioto, permet d'apprécier l'incontestable supériorité du peintre japonais sur le peintre chinois [10]. Mais Wu-tao-tze n'a pas fait seulement des tableaux religieux : les albums japonais nous ont transmis les copies de ses portraits, de ses figures d'animaux, de ses paysages, toutes œuvres où il paraît avoir mis autant de hardiesse et de vigueur réaliste qu'il a mis de noble réserve et d'expression idéale dans les personnages de son *Nirvanâ*. Comme lui, Kanaoka a peint de nombreux sujets profanes : il a fait les portraits des grands sages et des grands poètes, son talent de paysagiste est resté légendaire, et c'est lui qui a dessiné dans un temple de Ninnaï des chevaux d'une vie si intense qu'ils s'échappaient de leur cadre aux heures de la nuit, et ravageaient d'un galop furieux les campagnes voisines. Rien de tous ces ouvrages, malheureusement, ne nous a été conservé : l'ennemi séculaire des temples japonais, le feu, a réduit à fort peu de choses l'héritage du grand Kanaoka.

Nous ne connaissons guère mieux l'œuvre de ses successeurs jusqu'au XIVe siècle. Tout porte à croire seulement que les traditions de l'art bouddhiste chinois se sont maintenues sans grande originalité, que la plupart des peintres ont été des prêtres ou des moines, et que la première ferveur du sentiment religieux n'a pas tardé à être remplacée par un étroit formalisme scolastique. Mais de même qu'en Italie la vieille peinture religieuse, avant de céder la place à l'art réaliste des successeurs de Masaccio, avait incarné dans l'œuvre de Fra Angelico ses tendances mystiques et idéalistes, de même la vieille peinture religieuse du Japon, au moment où on la croyait morte, se réveilla, et réalisa dans les œuvres du poète Cho-Densu, ou Meïcho, son idéal ancien de pure et naïve beauté. Aussi bien Cho-Densu offre-t-il plus d'un trait de ressemblance avec le bienheureux maître de Fiesole dont il fut le contemporain. C'était un homme d'une dévotion profonde, étranger à toutes les passions temporelles, si peu enclin aux plaisirs de la gloire que ses supérieurs durent le forcer à mettre sa signature sur les tableaux qu'il peignait. M. Anderson et M. Fenollosa, qui ont vu ses tableaux au Japon, le placent au premier rang des peintres japonais ; du moins il est à coup sûr, avec Kanaoka, le plus religieux, celui qui a le mieux su donner à ses figures des expressions surnaturelles. Son dessin est encore peu correct ; mais l'ampleur de sa composition, la sûreté de son coup de pinceau, l'éclat et l'harmonie de ses couleurs, la grandeur des sentiments qu'il a traduits, toutes ces qualités, dont la trace se retrouve dans une belle peinture du *British Museum*, suffisent à justifier l'admiration des critiques. Cho-Densu, d'ailleurs, paraît n'avoir jamais cherché qu'une vérité idéale : il est le seul des grands peintres japonais dont les légendes ne vantent point l'adresse à tromper les yeux. Moins heureux que Fra Angelico, il n'a pas eu un Benozzo Gozzoli pour continuer son œuvre : à sa mort, en 1427, la peinture religieuse est retombée aux mains de moines routiniers, tandis que se développait en dehors des couvents l'art tout profane de l'école de Tosa.

En 1050, un noble de la cour, Motomitsou, fonda une école nationale de peinture, le *Yamato*, qui délaissa les sujets religieux et prétendit affranchir l'art japonais de toutes les influences étrangères. Deux cents ans plus tard, l'école Yamato était devenue assez importante pour se substituer à l'ancienne Académie impériale, et c'est elle qui, sous le nom d'école de Tosa, a gardé le monopole de l'enseignement artistique officiel jusqu'à la Renaissance du XVe siècle. Au-delà même de cette époque, et jusqu'aux premières années de notre siècle, elle a maintenu son indépendance et ses traditions.

Il nous est malheureusement impossible d'apprécier la véritable valeur artistique de cette école célèbre : seule à peu près de toutes les écoles japonaises, elle n'est représentée dans les collections européennes que d'une façon très imparfaite. Les chefs-d'œuvre des trois premiers siècles, ceux qui lui ont valu l'admiration des critiques, restent pour la plupart conservés dans les palais du Japon. Jusqu'à quel point ce sont, comme on le prétend, des œuvres originales et personnelles, pleines de vie, de mouvement et de variété, c'est ce que nous ne saurions décider. Mais si nous en jugeons d'après les rares spécimens qu'il nous a été donné de voir, l'importance de l'école de Tosa nous paraît avoir été de courte durée. Par la force et l'abondance de ses traditions, par la singularité même de sa manière, cette école a de bonne heure entravé, plus que toute autre, le libre développement de la personnalité. Si l'on excepte Mitsounobou (mort en 1543), qui a été un réaliste d'une franchise et d'une science extraordinaires, les peintres de l'école de Tosa, depuis le XVe siècle, se sont tous bornés à exploiter avec plus ou moins de délicatesse les procédés et les sujets de leurs prédécesseurs. Aucun d'eux, pas même le célèbre Mitsuoki (mort en 1691), et son arrière-petit-fils Mitsuyoshi, ne nous donnent l'impression de génies originaux capables de concentrer, dans les limites des règles, une vie et une beauté particulières.

Ajoutons que le style même de l'école de Tosa n'est guère pour nous séduire. Les peintres de Tosa ont été, il est vrai, jusqu'au XVIIIe siècle, les seuls coloristes de l'art japonais ; mais leur coloris, avec ses tons gouaches et son placage de feuilles d'or, reste toujours brillant et sec, monotone, artificiel, à peine égal à celui des miniatures persanes dont M. Gonse le croit imité. Dans le dessin, un souci exagéré du détail, un maniérisme banal, un tel dédain de la beauté et de l'expression que les figures nous apparaissent tantôt comme de vilaines caricatures grimaçantes, tantôt comme des masques inanimés. Nulle science de l'anatomie ni de la perspective ; et, en revanche, un abus d'artifices enfantins, comme celui qui consiste à supprimer le toit des maisons pour en montrer l'intérieur. En somme, l'école de Tosa nous semble n'avoir été rien de plus qu'une école d'honnêtes artisans, et c'est ce qui explique la grande influence qu'elle a toujours eue sur les arts industriels. Il faut même reconnaître que, au point de vue décoratif, ses makimonos et ses paravents sont d'un effet très agréable. Mais la peinture japonaise peut prétendre à une autre valeur que celle d'un art de pure décoration, et c'est en dehors de l'école de Tosa qu'il faut chercher les monuments de sa grandeur artistique.

Nous croirions volontiers que la célébrité qu'ont gardée au Japon les peintures de l'école de Tosa tient surtout à la nature de leurs sujets. Elles représentent le plus souvent, avec mille détails instructifs, les épisodes fameux de la vie des sages, des héros, des prêtres du Japon, les scènes des légendes et des romans, des danses, des fêtes, des cérémonies de la cour impériale.

L'école de Tosa détenait déjà depuis trois siècles l'enseignement de la peinture au Japon lorsqu'elle vit se dresser devant elle une école rivale, destinée à la surpasser bientôt en renommée aussi bien qu'en mérite artistique. Cette école eut pour promoteur un prêtre de la fin du XIVe siècle, Josetsou : c'est dans l'atelier de Josetsou que se sont formés trois artistes éminents, Shiouboun, Sesshiu et Kano Masanobou ; et, comme chacun de ces trois peintres a produit à son tour des élèves célèbres, il y a eu au XVe siècle, en face de l'école de Tosa, trois écoles distinctes, l'école de Shiouboun ou école chinoise, l'école de Sesshiu et l'école de Kano. Mais si les trois chefs de ces écoles différaient l'un de l'autre par la nature de leur génie, ils avaient adopté des manières pareilles, le même ordre de sujets, les mêmes principes généraux, de sorte que l'on peut confondre leurs trois écoles dans une seule, celle de Kano. L'école de Shiouboun et celle de Sesshiu, en effet, n'ont duré que peu de temps, tandis que l'école de Kano est vite devenue et restée jusqu'à nos jours la rivale de l'école de Tosa, la seconde des deux grandes académies nationales.

Le principe commun à tous ces artistes est le respect superstitieux de l'art chinois, et en général de la Chine. Voilà, semble-t-il, un point de départ fâcheux pour une école nationale japonaise, et c'est ce que les ennemis de l'école de Kano n'ont pas manqué de lui reprocher. « N'est-il pas honteux, écrivait au XVIIIe siècle le fameux peintre-graveur Soukenobou, d'adorer un pays étranger et de mépriser le sien propre ? » Mais la vérité est que l'adoration de la Chine n'a pas empêché les élèves de Josetsou de créer un art tout japonais. L'un d'eux, Sesshiu, est allé en Chine : plein d'un zèle pieux, il a cherché un professeur parmi les artistes les plus renommés ; et son biographe nous raconte que, dégoûté de leur enseignement, il s'est bientôt résolu à ne demander des leçons qu'aux montagnes, aux rivières et aux arbres du pays. C'est uniquement aux montagnes, aux rivières et aux arbres du vaste royaume de leur fantaisie que les contemporains et les successeurs de Sesshiu ont demandé des leçons. Leur âme, incapable d'abstraction, avait besoin de donner un nom à son idéal et de s'appuyer, dans son développement, sur un ensemble de règles très précises ; elle a donné à son idéal le nom de la Chine, et dans l'art de la Chine elle est allée se choisir des règles, pour les accommoder ensuite au gré de ses moyens. C'est ainsi que la Chine a été pour ces peintres le prétexte d'une idéalisation de l'art, idéalisation proportionnée aux aptitudes du génie japonais, c'est-à-dire toujours concrète et assez proche de terre, mais qui se retrouve aussi bien dans les sujets que dans le style et les procédés de l'école.

Les sujets préférés sont les portraits de personnages légendaires, les paysages romantiques soi-disant chinois, mais surtout les animaux et les plantes. Seulement, les animaux et les plantes représentés dans l'école de Kano sont toujours ceux et celles qui offraient aux Japonais un sens de symboles ou d'emblèmes, ce qui permettait aux peintres de mettre à profit leur sens d'observation, sans avoir à étudier de trop près la réalité naturelle.

Au point de vue de l'exécution, on peut dire que toute l'école de Kano a employé tour à tour deux styles : l'un, quasi graphique ou impressionniste, mettant son prix dans la rapidité de l'esquisse et la simplicité des moyens ; l'autre, plus savant, et de portée plus décorative, soucieux avant tout de la finesse du dessin et de la minutie du rendu. Dans l'un et l'autre de ces styles, d'ailleurs, se retrouvent les mêmes principes : une subordination constante de la couleur au dessin, de l'exactitude à l'effet extérieur, du mouvement à l'expression.

Nous ne pouvons guère insister davantage sur les traits généraux de cet art, qui est dans l'histoire de la peinture japonaise l'équivalent de ce que fut, dans l'histoire de la peinture italienne, l'art classique du XVIe siècle. C'est dans les œuvres de l'école de Kano que le génie japonais a le mieux réalisé la part de perfection formelle dont il était capable. L'école vulgaire a été plus libre et plus variée ; l'école naturaliste a mis dans ses œuvres une vérité plus complète ; mais ni l'une ni l'autre n'ont eu cette belle conscience artistique, ce souci de concilier la nature et l'idéal.

C'est encore dans l'école de Kano que l'on pourrait faire voir de la façon la plus intéressante comment les peintres japonais ont su garder distincte toute leur personnalité en représentant les mêmes sujets et en obéissant aux mêmes principes. Les exemples de Soami et de son frère Ghéami, de Shiugetsou et de Sesson, de Jasounobou et de Sanrakou, sont à ce point de vue bien caractéristiques. Mais, au-dessus de tous les autres, il convient de nommer trois peintres qui nous apparaissent comme les représentans suprêmes de l'art japonais avant Hokousaï : le vigoureux dessinateur Kano Motonobou, l'impressionniste Tanyu (1601-1674) et son frère Naonobou (1607-1651), un des peintres les plus personnels et les plus délicats du Japon.

L'originalité de ces maîtres s'est surtout révélée dans le paysage. Il n'est pas un peintre de l'école de Kano qui n'ait eu, dans ce genre, un style à lui, et qui n'ait laissé quelques œuvres d'un charme infini. Sous prétexte de représenter les sites chinois, ils ont vraiment créé une nature spéciale, pleine d'émotion et de poésie. En quelques coups de pinceau ils ont su nous rendre le calme des soirs d'été, le sommeil des plaines sous la neige, la douce mélancolie des brouillards estompant les collines ; et, pour voir traduit d'une aussi mystérieuse façon l'élément sentimental des spectacles naturels, il faut aller jusqu'aux Chintreuil et aux Corot, aux plus suggestifs poètes de la peinture contemporaine.

Section IV

Tous les peintres japonais du XVIe et du XVIIe siècle appartenaient de près ou de loin à l'une des deux grandes écoles rivales de Tosa et de Kano ; quelques-uns seulement semblent avoir cherché à prendre un moyen terme entre les deux manières et à concilier la pureté classique du dessin de Kano avec la richesse du coloris de Tosa. C'est ainsi que, au XVIIe siècle, M. Gonse cite parmi les indépendants un élève de Kano et un élève de Tosa, Shokouado, auteur d'esquisses d'un impressionnisme violent et bizarre, et le célèbre Sotatsou, un des plus grands coloristes japonais. Mais ce n'est qu'à partir de la fin du XVIIe siècle que se sont formées d'autres écoles, pleinement affranchies des traditions de Tosa comme -de celles de Kano.

Le chef de l'une d'elles, Korin, était-il l'élève de Kano Jasounobou, comme le prétend l'école de Kano ou de Tosa Hirozumi, comme le veulent les partisans de Tosa, ou, comme on l'a dit encore, du peintre laqueur Koëtsu ? M. Gonse, qui a fait de Korin une étude très particulière [11], tendrait à admettre qu'il a reçu tour à tour les enseignements les plus divers ; mais il est sûr que, avec l'étude des esquisses frustes et étranges de Shokouado, ce sont les leçons d'un maître laqueur qui ont dû contribuer le plus fortement à la formation du style de Korin, style tout décoratif, procédant par larges oppositions et visant toujours à la puissance du relief. Ajoutons cependant que la part des influences étrangères n'a jamais pu être bien vive sur un talent aussi franchement personnel, aussi décidé à ne tenir aucun compte des tendances contemporaines. C'est par cette individualité que Korin s'est imposé à l'admiration des critiques japonais et européens. Nulle trace chez lui de traditions subies, de règles observées ; ce qu'il peut imaginer de plus saisissant, il le traduit aussitôt, servi par une incomparable sûreté de main, sans s'inquiéter jamais ni de la vraisemblance, ni de la justesse des effets. A ce point de vue, il est le plus intransigeant des impressionnistes, et ses élèves, son frère le céramiste Kenzan, son admirateur enthousiaste Hoïtsu, n'ont pu que tempérer en les imitant les audaces de son style. Pourquoi donc nous est-il impossible de partager l'admiration des connaisseurs pour la peinture de cet homme singulier ? Peut-être y sentons-nous trop peu l'impression de la nature, trop peu aussi la recherche de l'élégance et de la pureté idéales. L'œuvre de Korin est l'œuvre d'un laqueur, qui n'a de souci que pour l'effet décoratif, et renverse, pour y parvenir, tous les obstacles qu'il rencontre. Ses figures d'hommes et d'animaux manquent d'expression ; son coloris, avec ses audaces, n'atteint jamais à la savante harmonie de ceux de Mitsounobou et de Sotatsou. Son nom mérite d'être joint à ceux des génies excentriques qui, par l'excès même de leur personnalité native, deviennent incapables de s'astreindre à mettre en pleine valeur ce qui est en eux de puissant et d'éternel [12].

Nous reprocherions au contraire son défaut de personnalité à une autre école non moins fameuse, l'école naturaliste ou *Shijo*, fondée vers 1750 par Okio, et représentée après lui par Tessan, Sosen, Keiboun et Hoyen. Esprit radical et soucieux de vérité,

Okio se sépara de l'école de Kano, résolut de peindre directement les objets d'après nature, sans essayer de les embellir. Il a d'ailleurs été presque exclusivement un peintre de fleurs et d'animaux. Il n'a employé le paysage que pour décorer le fond de ses compositions, et la peinture de figures ne paraît pas lui avoir beaucoup réussi, non plus qu'à ses successeurs. Il a laissé une grande quantité de peintures où le réalisme est en effet poussé plus loin que dans les œuvres de l'école de Kano : ses grues, ses poissons, ses petits chiens, les biches et les singes de Sosen sont en outre des œuvres d'une délicatesse charmante, avec l'aisance gracieuse de leur dessin, le naturel de leurs attitudes, l'harmonieuse légèreté de leur coloris, où ne figurent plus l'or et les tonalités brutales de l'école de Tosa. Mais le naturalisme de l'école Shijo n'en est pas moins très superficiel, et sous les délicieux détails de la forme, jamais les élèves d'Okio n'ont su rendre comme les grands Kano la vie intime, le caractère profond des sujets représentés. Si Korin nous apparaît comme un simple décorateur, nous voyons dans les peintres de l'école Shijo quelque chose comme d'ingénieux photographes, habiles à varier les poses de leurs modèles, et à rendre dans tous leurs détails leur apparence extérieure. A mesure que l'on avance dans l'étude de la peinture japonaise, on est frappé davantage de la ressemblance qu'offrent ses évolutions avec celles de notre peinture européenne. Aussi bien, il nous paraît que la peinture japonaise et la peinture européenne ont eu de tout temps des conceptions de l'art à peu près pareilles : avec des tempéraments différents et par des voies différentes, ce sont les mêmes buts qu'elles se sont proposés. Comme en Europe, l'art primitif a été au Japon un art religieux et expressif : comme en Europe, le XVe siècle y a été une ère de renaissance, et d'une renaissance dont les auteurs ont créé un style nouveau en croyant imiter des modèles classiques. Au XVIIe siècle, la glorieuse époque de Genroku fut pour le Japon un siècle de Louis XIV : les peintres continuaient les traditions de la renaissance, mais avec un souci croissant de la noblesse et de la perfection. Et si l'on veut comprendre l'histoire de la peinture japonaise du XVIIIe siècle, on ne peut s'empêcher de la comparer avec l'histoire de la peinture française à la même époque. L'idéal classique du siècle précédent se dédouble et produit deux courants opposés, dont l'un va à une imitation plus directe de la nature, tandis que l'autre tend à l'élargissement de la libre fantaisie. A l'école Shijo, malheureusement, il a manqué un Chardin ; et l'école vulgaire ou *Ukiyo-yén*'a trouvé son Watteau qu'après un siècle de durée. Mais les peintres qui ont précédé l'avènement du génie d'Hokousaï, les Soukénobou, les Shunsho et les Outamaro, nous ne saurions mieux caractériser à la fois le degré de leur valeur artistique, et en quoi ils se ressemblent, et en quoi ils diffèrent, qu'en les comparant aux Lancret, aux Boucher, aux Eisen et aux Fragonard. Ajoutons que pour eux, comme pour ces maîtres français du siècle dernier, la gravure a été une forme inséparable de la peinture, le grand moyen de propagation de leurs œuvres, et que leur manière de peindre s'en est ressentie.

Le premier représentant de l'école vulgaire était un élève de Tosa, Mataheï, qui vivait dans les premières années du XVIIe siècle. C'est lui qui a essayé le premier de représenter ces sujets que ses prédécesseurs jugeaient indignes de l'art, les scènes de la vie familière, les divertissements de la foule, le jeu des acteurs, les toilettes des courtisanes, les mille spectacles quotidiens de la rue. Mais l'école vulgaire ne s'est réellement constituée en dehors des autres écoles que dans les dernières années du XVIIe siècle et sous l'influence de deux hommes de génie, Moronobou et Itcho, qui ont su créer une manière nouvelle pour traduire les sujets nouveaux.

De ces deux hommes, Itcho a été, à beaucoup près, le plus original et le plus puissant. Il avait étudié dans l'atelier de Tanyu, mais sa nature indocile et fantasque s'était réveillée de bonne heure, et ses maîtres avaient dû le chasser de l'école. Alors, il s'en alla rôder par les campagnes, vivant dans la société des mendiant et des saltimbanques, jusqu'à ce qu'enfin l'empereur le chassât du Japon, pour le punir d'avoir représenté sa maîtresse favorite au milieu des courtisanes du Yoshiwara. L'œuvre d'Itcho, malheureusement, ne nous est guère connue que par des reproductions gravées ; mais ces gravures suffisent pour nous donner l'idée des qualités toutes nouvelles qu'il a introduites dans l'art de son pays. Lui aussi paraît avoir voulu reprendre les traditions d'une école ancienne, l'école de Toba, qui, au XVIIIe siècle, avait produit d'innombrables dessins comiques et fantastiques, d'un mouvement forcené. Comme les Toba, Itcho a déployé une verve caricaturale prodigieuse ; mieux qu'eux, il a su rendre les secrets du mouvement ; et il a été, de plus, un véritable artiste, savant, varié, épris de la vérité et de l'expression.

Son contemporain Moronobou était un homme d'un talent plus concentré, observateur infatigable de la vie réelle, très préoccupé de concilier la justesse de la représentation avec la noblesse et la mesure qui conviennent aux œuvres d'art. Ses livres illustrés, les premiers du genre, et quelques-uns de ses kakémonos présentent d'admirables qualités de composition et de dessin. Mais, par cela même qu'il n'osait encore se séparer des vieilles traditions, il a mis dans ses œuvres une réserve toute classique qui va disparaître de plus en plus chez ses successeurs.

Ceux-ci, ce sont tous ces maîtres que la gravure nous a rendus-familiers, et qui incarnent, pour la plupart d'entre nous, la peinture japonaise. Les nommer tous serait impossible, et cependant chacun a eu pour le distinguer des autres sa petite part d'originalité. Leurs œuvres, peintes ou gravées, séduisent au premier abord par une variété de sujets et d'attitudes que l'on chercherait vainement dans les ouvrages des autres écoles. Plusieurs ont créé des types vraiment délicieux, soit qu'ils aient peint, comme Soukénobou, de douces jeunes femmes au visage rond et jovial, ou, comme Harounobou, d'élégantes beautés parées de costumes somptueux, ou bien encore, comme l'admirable Outamaro, de longues figures d'une grâce onduleuse et provocante. D'autres ont été des coloristes remarquables, notamment les Torii, Kiyonaga le paysagiste, Toyokouni, et ce Shunsho que les Japonais mettent à l'égal des plus grands de leurs peintres. Mais le talent de ces hommes n'empêche pas l'école vulgaire, dans son ensemble, de mériter en partie le dédain que lui témoignent encore aujourd'hui les connaisseurs de son pays. Les peintures et les gravures de l'*Ukiyo-yé* ne sont jamais que des improvisations : il leur manque ce qui fait la beauté des œuvres de Kano, la mesure dans la fantaisie ; il leur manque aussi, et cela est plus grave, la justesse d'observation et la profondeur d'expression. Leurs courtisanes, sujet préféré des peintres de l'école, sont trop souvent d'adorables poupées ou simplement des patrons sur lesquels se drapent de chatoyantes étoiles. Lorsque l'expression n'est pas absente de leurs œuvres, les peintres de l'école vulgaire l'exagèrent, la déforment jusqu'à la caricature. On sent que, pour la plupart, la peinture est devenue un métier tout manuel, comme elle le devient aujourd'hui pour beaucoup de nos peintres. Que l'on voie, réunies dans une salle, un millier de gravures de l'école vulgaire : on ne pourra s'empêcher de trouver fatigant cet art, qui paraît si exquis et flatte les yeux d'un plaisir si délicat lorsqu'on se borne à en regarder quelques spécimens.

Ce n'est pas qu'il faille dédaigner la portée artistique de l'école vulgaire : elle a été plus féconde que les autres écoles, et peut-être plus riche en talons personnels. Mais elle nous paraît exactement au même rang, dans l'histoire de la peinture japonaise, que l'école des successeurs de Watteau dans l'histoire de la peinture française. Elle a été brillante et variée : mais ceux qui l'aiment le plus sincèrement ne peuvent s'empêcher de la considérer comme d'un art inférieur, et ainsi elle expie son insouciance de l'observation patiente et la médiocrité de son idéal.

Le principal mérite de l'école vulgaire est d'avoir produit Hokousaï (1760-1849) ; encore Hokousaï est-il sorti de l'école vulgaire à peu près comme Rubens de l'école italo-flamande des Floris et des Venius. Le maître dont il relève directement est Itcho, dont il a retrouvé le dessin mouvementé et expressif et la profonde gaîté. Mais en outre de ce qu'il doit à Itcho, toutes les qualités de ses grands prédécesseurs de toutes les écoles semblent s'être concentrées dans son fécond génie. Ses *sourimonos* et quelques-unes de ses gravures en couleur mélangent la grâce féminine de Soukénobou avec la sensualité hautaine d'Outamaro ; il sait peindre un coq, un chat, un cheval, avec plus de vie que ne l'ont su Naonobou, Okio ni Sosen ; ses paysages ont la réalité et la poésie de ceux des grands Kano ; la hardiesse de ses trouvailles aurait effaré le hardi Korin. La profondeur de sentiment des peintres primitifs renaît avec lui : que l'on se rappelle seulement l'inquiétante figure de déesse qui ouvre le premier volume des *Cent Vues du Fouji*, ou, deux pages plus loin, la figure sereine du vieillard bouddhiste qui jadis, exilé du Japon, était venu tous les jours, marchant sur les eaux, revoir la montagne sacrée. Et tous ces styles qu'il a résumés et conciliés, il les a tous vivifiés, promus à un degré supérieur de vérité artistique. La *Mangwa*, recueil d'esquisses en quatorze volumes, et les *Cent Vues du Fouji- Yama*, qui ont popularisé en Europe le nom d'Hokousaï, sont loin de donner une idée complète de son génie ; ses sourimonos et ses petites gravures en couleur témoignent chez lui d'un sentiment extraordinaire de la beauté formelle, de l'élégance des lignes et de l'harmonie des couleurs ; mais rien de tout cela n'égale le charme souverain de ses peintures, assez nombreuses dans les collections parisiennes, de celles surtout où il a représenté les lascives figures des courtisanes ou les scènes tranquilles de la vie populaire.

Le premier en Europe, M. Gonse a rendu pleine justice à Hokousaï. « Son œuvre, dit-il, est l'encyclopédie de tout un pays : c'est la *Comédie humaine* du Japon ; et si l'on considère en lui les dons généraux, les qualités techniques qui font les maîtres, il peut être placé à côté des artistes les plus éminents de notre race. »

Au contraire M. Anderson, imitant la sévérité des critiques japonais, croit devoir terminer par de nombreuses réserves le jugement qu'il porte sur lui. Il lui reproche de n'avoir pas mis à profit les occasions qu'il avait d'appliquer la perspective et le clair-obscur de l'art européen ; d'avoir été un artisan et d'avoir rabaissé l'idéal des Kano. Mais M. Anderson est forcé d'avouer « qu'il a eu un don prodigieux pour fixer, en quelques lignes rapides, le caractère essentiel d'un sujet, et joint à ce don une vive perception de la beauté de la forme, une fermeté et une sûreté de touche tout à fait sans égales, une habileté mystérieuse pour donner, d'un trait d'encre de Chine, l'impression du relief et de la couleur. » De telles qualités ne suffisent-elles pas pour constituer un maître ?

Oui, Hokousaï est un maître, et il convient de le placer dans la compagnie des peintres les plus glorieux de son pays. Rien ne lui a manqué, ni l'habileté et la science, ni l'invention, ni le sentiment. L'idéal esthétique qu'il a toujours poursuivi n'est peut-être pas le plus élevé de tous, mais il en est, à coup sûr, le plus efficace : la création de la vie. « L'auteur a essayé de donner de la vie à tout ce qu'il a peint, » dit l'éditeur de la *Mangwa*. « Si je puis parvenir jusqu'à l'âge de cent dix ans, écrit-il lui-même, soit un point, soit une ligne, tout dans mon œuvre sera vivant. » Comme les maîtres, il a toujours eu un amour profond de la nature et de son art ; comme eux, il était toujours mécontent de ses œuvres antérieures. Il écrivait, à soixante-quinze ans : « Vers l'âge de cinquante ans, j'ai publié une infinité de dessins ; mais je suis dégoûté de tout ce que j'ai produit avant l'âge de soixante-dix ans. C'est à l'âge de soixante-treize ans que j'ai compris la forme et la nature vraies des oiseaux, des poissons, des plantes, etc. Ecrit par moi, Hokousaï, le vieillard fou de dessin. » Ajoutons que cet homme, d'un cœur naïf et tendre, avait une intelligence remarquable, qu'il a possédé mieux que nul autre la notion des vagues symboles, des mystérieuses relations qui unissent le mouvement à la pensée.

Ce qui nuit à Hokousaï, ce qui l'empêchera longtemps encore d'occuper aux yeux du public européen le rang qu'il mérite, c'est précisément la façon confuse et déraisonnable dont s'est faite chez nous la connaissance de l'art japonais. On nous a laissé croire que toutes les formes de l'art avaient au Japon la même valeur, et qu'une peinture ou une gravure y étaient mises au niveau d'un netzké ou d'une garde de sabre. Dans le fatras d'objets que l'on nous montrait, comment aurions-nous deviné le rôle dominant de la peinture, ou la haute originalité artistique de cinq ou six de ses maîtres ? Aujourd'hui le préjugé est devenu très fort. Il nous semble malgré tout que cet art d'Hokousaï est encore du bibelot ; nous sommes séduits, émerveillés, mais ensuite nous nous trompons sur la qualité de notre plaisir, et nous nous refusons à voir des œuvres d'un art supérieur dans ces images qui nous ont ravis. Il est dans la destinée d'Hokousaï d'être traité après sa mort par le public européen comme il l'était de son vivant par les amateurs japonais, qui s'arrachaient ses gravures, mais daignaient à peine les lui payer, en raison sans doute du peu de travail qu'elles lui avaient coûté.

Les œuvres des élèves d'Hokousaï, Hokkeï et Kiosaï, sont encore un saisissant témoignage de la singularité de son génie. Ces habiles ouvriers semblent lui avoir tout pris, ses sujets et sa manière, et au point de vue de l'exécution, ils l'ont tous deux égalé : mais il leur a manqué le mystérieux pouvoir créateur qui fait paraître vivantes les plus rapides esquisses de leur maître : l'âme d'Hokousaï, ils n'ont pas su la lui prendre. Cet homme extraordinaire, d'ailleurs, efface tout autour de lui ; ses œuvres seules nous empêchent d'apprécier ce qu'il y a d'intéressant dans les paysages variés de son rival Hiroshigé, le plus populaire des maîtres de l'école vulgaire, dans les esquisses de Keïsaï-Yeïsen, de Zeshin, de dix autres gracieux fantaisistes. Il serait injuste pourtant de ne pas nommer à côté de lui un de ses contemporains qui a donné un dernier éclat au style plus réservé de l'école de Kano, Josaï, peintre, historien et poète, celui de tous les artistes japonais qui semble avoir eu au plus haut degré les qualités intellectuelles, la pureté de la ligne et le sentiment de l'expression.

Aujourd'hui, la peinture japonaise a cessé d'être un art. Les enfants ont besoin d'être tenus en laisse, et il a fallu toute la contrainte des règles et des traditions pour faire produire à l'âme japonaise la somme de beauté artistique dont elle était capable. Désormais, les règles et les traditions d'autrefois ont perdu toute valeur. Les Japonais ont trouvé dans l'Europe une nouvelle Chine, et comme jadis ils imitaient Wu-tao-tze, c'est maintenant notre peinture européenne qu'ils rêvent d'imiter. Leurs qualités nationales de justesse de vision et d'obéissance aux leçons des maîtres risquent bien de rester improductives dans l'exercice d'un art qui vit surtout de science et de liberté. L'art du Japon ne paraît pas plus que sa civilisation ni ses mœurs avoir gagné au contact de l'Europe ; et nous ne pouvons nous empêcher d'approuver le sage médecin allemand Kæmpfer qui, il y a trois cents ans, suppliait ses compatriotes de laisser les Japonais jouir en paix de leur barbarie.

Il ne semble pas non plus que la connaissance de l'art japonais ait été bien profitable aux artistes européens. Cette connaissance s'est faite d'une manière si incomplète et si déraisonnable que nous n'avons pas même eu l'idée d'emprunter aux Japonais quelques-uns de leurs procédés techniques, par exemple leur façon particulière de préparer l'aquarelle, ou l'usage qu'ils font de l'eau, au lieu de substances grasses, pour la gravure en couleur. Notre impressionnisme a beau prétendre à relever des Japonais, il ne leur doit rien ou à peu près : il est avant tout un impressionnisme savant, s'efforçant d'arriver à un surplus de vérité par un surplus d'artifice et de réflexion. Tout autre est l'impressionnisme des Tanyu, des Shokouado, des Itcho et des Hokousaï, âmes naïves, uniquement soucieuses de traduire à peu de frais leurs simples visions. L'art japonais, d'ailleurs, est un produit trop direct de l'âme japonaise pour que, même mieux connu, il puisse avoir chez nous aucune influence sérieuse. Sa pratique requiert une ingénuité, une fraîcheur de sensation et une simplicité d'esprit dont les artistes européens sont plus éloignés que jamais. Il nous arrive parfois de regretter que nos peintres ne consentent pas, comme faisaient leurs confrères du Japon, à s'enfermer volontairement dans les limites de règles convenues, pour y développer ensuite leurs qualités natives avec plus d'aisance et de sécurité ; mais aussitôt nous voyons combien il serait chimérique de vouloir proposer un pareil idéal à une génération qui, de plus en plus, fait consister l'originalité dans la recherche de formes nouvelles et confond le génie avec l'excentricité.

Notes

1.	M. Gonse et M. Anderson ont, l'un et l'autre, corrigé et comploté leurs premiers travaux : M. Gonse dans une édition populaire de son Art japonais, M. Anderson dans son excellent Catalogue raisonné des peintures japonaises du British Museum.

2.	Le Japon artistique, publication mensuelle illustrée, dirigée par M. Bing.

3.	Nous ne parlons ici que de la partie qui concerne la peinture : les chapitres consacrés par M. Gonse à la sculpture, à la broderie et à l'industrie des laques sont au contraire d'excellents résumés, où l'énumération des noms d'artistes est, comme il convient, sacrifiée à l'examen des ouvrages caractéristiques.

4.	Deux ou trois collections parisiennes, la section japonaise du British Muséum, la collection Gierke de Berlin, suffisent à permettre l'étude de la peinture japonaise ; surtout si l'on y ajoute l'abondante collection de photographies que possède le musée Guimet des œuvres les plus célèbres conservées au Japon.

5.	Voyez les études publiées dans la Revue de 1874 à 1878.

6.	Voir à ce sujet l'excellent ouvrage de miss Bird, Unbeaten Tracks in Japan (2 vol., Londres, et le livre français de M. Dubard, le Japon pittoresque.

7.	Un grand nombre d'ouvrages japonais ont été traduits dans les diverses langues européennes. Citons seulement deux volumes allemands de M. de Langegg, Midzuho Guxa (Leipzig, 1880), le volume anglais de M. Mitford, Tales of old Japan (Londres, 1876) et l'Anthologie japonaise de M. de Rosny (Paris, 1871).

8.	Traduit en anglais par M. Mitford.

9.	Sur les usages pratiques de ces diverses formes de peintures, voir le livre de M. Morse, Japanese Homes (Boston, 1886).

10.   Le tableau de Kanaoka est reproduit dans l'Art japonais de M. Gonae et celui de Wu-tao-tze dans l'ouvrage de M. Anderson.

11.   Le Japon artistique, livraison de mars 1890.

12.   La revue japonaise Hokkwa vient pourtant de publier, dans ses dernières livraisons, des reproductions de peintures de Korin, qui, sans laisser d'être bizarres, ont une grandeur d'allure et une délicatesse de coloris tout à fait incomparables.

ISBN : 978-1721610204